Un pansement sur mes maux

Héléa Jousserand

Un pansement sur mes maux

© 2023, Héléa Jousserand
Édition : BoD – Books on Demand, info@bod.fr
Impression : BoD – Books on Demand,
In de Tarpen 42, Norderstedt (Allemagne)
Impression à la demande
ISBN : 978-2-3221-3830-2
Dépôt légal : Avril 2023

*Ce livre
J'espère
Sera une délivrance
Ma dernière chance
Pour leur dire
Ce que ma tête
Chante à tue-tête.*

À ma guérison et à ma famille.

Sommaire

les mots enfouis………..…..…...12
l'éruption du cœur…..…..…....42
le devenir….….….…..….…..132

les mots enfouis

- Le Sakura[1]

Amitié, belle amitié,
On s'est éloigné,
J'ai choisi de te laisser,
De me soigner,
Mais tu ne l'as pas accepté,
Enfermée dans cette boucle,
Dans ce monde infernal,
Je coule, je tremble, je pleure,
Mais tout cela n'est que de ma faute,
Je ne pense pas assez aux autres.

---

1   Le Sakura symbolise la beauté éphémère de la jeunesse, une vie courte et belle.

Ton rire me hante,
Je suis partie sans toi,
De toute ma vie,
Je ne t'oublierai pas.

Des souvenirs
écrits au marqueur indélébile,
des rires qui reviennent
dans mon sommeil.
Elle était mon épaule
ma force
mais le temps a fini
par nous éloigner
par choisir
deux chemins différents
deux vies différentes,
et ce n'est pas pour autant
que je regretterai.

Ce « au revoir », était mon dernier signe dans sa vie, mon signe d'adieu. C'était fini. J'allais pouvoir passer à autre chose. Mais je sais que je ne l'oublierai jamais parce qu'elle a fait partie de mes plus beaux moments et je les lui dois. Je lui en suis tellement reconnaissante.

Cette nuit
j'ai rêvé de toi
de ton visage lumineux
de ton sourire radieux.
Cela faisait longtemps
que je n'avais pas vu
ton doux visage.

- Le Zinnia[2]

Mon ami, tu es parti. J'ai essayé de comprendre, de chercher sans résultat. J'ai émis des hypothèses, qui parfois n'avaient aucun sens. Parfois je repense à notre amitié, à nos fous rires, à nos sorties. Qui aurait cru que tu disparaîtrais ? Tu sais j'ai gardé nos souvenirs comme un trésor qu'un jour j'égarerai, quand ma mémoire se sera détériorée.

---
2   Le Zinnia symbolise le souvenir.

-La Ronce[3]

Je hais l'image,
la personne,
pour laquelle tu m'as fait passer,
je hais t'avoir pardonnée,
toi,
« mon amie ».
Mais j'étais si
fragile
pour dire quoi que ce soit,
alors le soir je buvais le noir,
en regardant ce que tu racontais,
en espérant que ça s'arrête.

---
[3] La Ronce symbolise les mauvaises intentions et les déceptions.

Tu n'avais pas besoin de moi
pour rejeter tes peines,
il te fallait seulement
demander de l'aide
pour soigner tes plaies.

-Le Colchique Jaune[4]

Il est arrivé
dans ma vie
en écrivant
sur le blanc de l'écran
des mots dont
je pensais connaître le sens.
Mais en quelques mois
il les a pris
les a brisé
quand j'ai compris
que sa seule volonté
était celle de jouer
pendant que
l'enfant naïve
avait espoir
qu'il revienne.

---

4   Le Colchique Jaune symbolise une fin marqué par infidélité.

-Le Buglosse[5]

Moi qui pensais
connaître l'amour
quand tes bras m'ont entouré,
je me suis trompée
quand tu t'es envolé
avec tes mensonges
empaquetés
de mots que j'ai oubliés
pour t'enfuir
dans une autre ville
accompagné
d'une autre fille.

---

5   Le Buglosse symbolise les mensonges.

-Les Orties[6]

J'ai tant essayé de croire,
de voir naître une famille,
un nid rempli,
alors qu'au fond,
rien de tout ça n'existait.
Comment j'ai pu être si naïve,
de penser qu'un jour
vous pouviez avoir de l'intérêt
pour nous?

---

6   L'Ortie symbolise la déception dans les relations.

Il m'arrive parfois de rêver que
Je m'accroche à nos souvenirs
Que je coule comme un navire
Enfoncée par le vide que j'ai en moi
Comme le son de leurs voix.

Ne soyons pas sauvages
d'avoir la rage
d'être abandonnés
du jour au lendemain
bercés par des mensonges
des chansons transportées par le vent
de mots sans importance
qui brisent et nous tuent.

J'ai essayé de croire
d'imaginer
d'espérer
me voilà brisée.
J'ai essayé de croire
en leurs belles paroles
en leurs mensonges.
J'ai essayé à tout âge
de croire au futur
à de nouvelles pages.

Croire pendant trop d'années,
qu'ils allaient changer,
qu'ils allaient nous regarder
autrement
différemment,
que leurs derniers choix,
leurs dernières pensées,
mais j'ai appris à les oublier,
nos souvenirs du passé.

Je me suis demandé
pourquoi je leur en voulais,
j'ai ressassé le passé,
pleuré pour ces années.
Ils ne pourront jamais
ressentir
l'abandon qui
dans nos cœurs
règne sans fin,
depuis
qu'ils ont planté
leurs armes
sans se douter
des blessures
engendrées.

Ce sentiment qui
remonte à la surface
quand mes souvenirs
s'agitent
et remplissent
une rivière
au goût amer.
Ce sentiment
je veux qu'il
disparaisse.

- Le Tournesol[7]

Je t'ai aimée,
je t'ai détestée,
je t'ai enviée et je t'envie,
tu es si belle
et moi, enfant,
je n'arrivais pas
à comprendre ma colère.
Si tu savais
ce que je m'en veux,
il a toujours fait noir
dans ma bulle,
pardonne-moi
petit tournesol.

---

[7] Le Tournesol symbolise l'admiration, la fierté, l'adoration.

Te souviens-tu
quand nous étions petites
de jeunes pousses
qui grandissaient
côte à côte
et ne voulaient se séparer,
aujourd'hui
on fleurit,
tu t'es épanouie,
je t'observe du côté de l'ombre
ouvrir tes pétales
et pousser
pour toucher le soleil.

Ces bras sont chauds
si rares,
ce tournesol
pousse si vite,
que j'ai peur de le voir grandir
déjà plus haut que moi
et pourtant il pleut chez moi
ralentis petite
le temps passe trop vite.

Ces doigts tournaient
en rond sur ma tête
quand je me suis endormie
le cœur en miettes.

- L'Armoise[8]

Nous avons tant
de souvenirs
de notre enfance,
toutes ces photos
dans les albums
que ma jeune mémoire
a tout oublié,
et voilà qu'aujourd'hui
tu es si distant
si loin de nous,
nous sommes dans le flou.
Nous nous tenons là,
à t'attendre
dans un chemin abstrait,
on t'aime tu sais.

---

8   L'Armoise symbolise un manque ou une absence.

-Le Lilas[9]

Tu étais là,
cachée dans le noir,
me surveillant de loin,
prête à me sauver
lorsque je tombais.
Tu étais là,
lors de mes premiers pas,
tu étais encore là,
quand je dansais,
quand j'affrontais le monde.
Tu es toujours là,
près de moi,
et rien que pour ça,
je te dois tant.

---

9 Le Lilas symbolise les sentiments purs et la maternité.

-La Tulipe Blanche[10]

J'ai toujours eu du mal
à aligner trois mots
quand je dois parler
de toi papa.
J'aimerais te dire
que si je pouvais
je ferais plus de choses
avec et envers toi.
Il y a encore tant
de distance
entre toi et moi papa,
mais je ne sais pas
comment m'y prendre.

---

10 La Tulipe Blanche symbolise la demande de pardon.

-Le Lilas et La Tulipe Blanche

J'aimerais ne plus avoir
à les décevoir.
J'aimerais qu'ils voient
autre chose que des échecs,
des déceptions.

J'aimerais ne plus être
un échec à leurs yeux.

J'aurais aimé leur dire,
avoir le courage,
un jour
une nuit
de leur dire,
tous ces cauchemars,
ces vallées noires,
Leur décrire et leur lire
ces incompréhensions
ces questions
qui trottent dans ma tête
et qui mènent leur danse
au fil des heures
qui passent.

l'éruption du cœur

J'ai le cœur lourd ce soir
je nage dans le désespoir,
dans le noir.
                              Ma gorge est nouée,
                              mes mots sont bloqués.

La gorge nouée,
les mots emmêlés,
sous ce ciel étoilé,
emmêlés
démêlés
les fantômes du passé.

Je me fais trébucher,
                      et je tombe,
                                        je sombre.

Ce sentiment d'oppression qui revient si souvent, ce sentiment de ne pas y arriver, d'être bloquée, celui de ne pas réussir, d'avoir une muraille à franchir, d'être coincé entre 4 murs. Ce sentiment je veux qu'il disparaisse.

Je me sens mal dans ma peau
Comme un bateau qui prend l'eau
A essayer de ressembler
A la personne idéale que je me suis imaginée.

Enfermée
dans ma tête
comme si
c'était une prison.

Je tombe dans le noir.

23h55
Affiche mon réveil.
Encore une soirée
A me ronger,
Une soirée bien trempée,
Dans ce boucan
Dans ce trou noir
Dans cet enfer
Dans cette obscurité
A l'abri des regards.
Bienvenue,
Dans l'endroit le plus rempli
D'amour, de peine, de souffrance et d'espoir.
23h57
C'est une grande soirée dans ma tête.

Seule
sans aucun espoir
sans aucune victoire
Seule
chaque soir
dans le noir
en me demandant pourquoi,
si ce n'est que rêve ou réalité.

Hurler à l'intérieur,
Ne plus savoir comment survivre,
Ne plus savoir comment se soigner.

Maladie mentale, j'en ai mal.

Cercle infernal,
Dans ma bulle je me sens mal,
Le monde me tombe dessus,
Je ne sais plus qui je suis,
Enfermée en silence,
Sur le feu je danse,
En voulant faire le bien,
J'ai semé le mal.

Entends-tu à travers le vent
Le souffle indésirable du temps
De l'eau qui s'échoue sur la plage
Et de mes mots un peu trop sages ?
Vois-tu comme tout est si beau au large
De l'autre côté de la pluie
Quand tout ça sera fini ?

Nouvelle soirée,
A regarder les heures passées,
A essayer de calmer mes démons
Dans ce chaos qui ne cesse.

Insupportablement
Supportable

Dans ma tête
c'est un océan
d'émotions
Qui s'agitent,
se bousculent,
s'attachent,
s'emportent
A travers le vent
qui souffle dans le mât
Et nous emporte
dans les profondeurs
De mon âme.

Je suis l'orage de mes pensées,
Les ténèbres de mon être.

Mon mal-être m'enterre,
Il me serre et me détruit.
Je suis mon ennemi, ma force.
Je suis la seule à avoir
Le pouvoir de tout changer,
Mais seule la peur me fait sombrer.

Je voudrais crier au monde entier,
Mais je n'y parviens pas.

Mes démons dansent dans ma tête.

Et quand la tempête partira,
Est-ce que le soleil reviendra ?

J'ai mal, là tout bas,
Mon cœur réagit,
Mon souffle ralentit,
Ma gorge se serre,
Mon ventre se tord,
La douleur remonte,
Je m'effondre.

Regarde
Comme mon cœur a mal.

Je danse de cette vie de douleur,
Cette vie de malheur.

Je ne sais pas
à quel moment
je me suis perdue,
je hais la personne
que j'aperçois dans ce reflet,
cette personne
que je suis censée aimer,
que je déteste aujourd'hui,
que je ne supporte plus
je n'y arrive plus.

Le peu de lumière s'étouffe,
Mes yeux brûlent peu à peu,
Ma tête résonne
De nos mots qui s'y balancent
Quand les rivières
Se transforment en cascades,
Même un barrage ne peut les arrêter.

J'ai beau crier, frapper,
Rien ne s'arrête,
Ma tête est
Destructrice de mon âme.

Quand la douleur fait face,
Et qu'elle laisse des traces,
Quand même la force,
Ne se fait plus sentir,
Le rouge clair représente le mal
Dessiné en silence.

La sonnerie retentit,
Comme si ma vie était chronométrée,
Je perds mon temps entre ces longs couloirs.
J'ai besoin de vivre avec ce sentiment de liberté,
Laissez moi voler.

Comme prise dans un piège
Mon âme pèse,
L'ennui permanent
Me rappelle mes démons
Qui ne cessent de prendre place,
Quand mon esprit se lasse.

Parfois mes démons prennent possession
De tout mon être
Réduite à les écouter et à attendre
Mon âme exprime
Le vide et la souffrance.

Mon cœur supportera t-il
tout ce mal ?

Le regard perdu je voyage
La tête dans les nuages
Loin de ce monde
Le temps semble s'arrêter
Je crois que je me suis oubliée.

Un cœur achevé,
aux engueulades passées,
aux amours arrachés,
de sentiments inventés,
de blessures laissées,
de sourires faussés.

Des journées à s'ennuyer,
a regarder le temps défiler,
a essuyer les larmes coulées,
de douleurs cachées,
a jouer des rôles qui ne ressemblent,
qu'à des comédies jouées.

Je ne supporte plus
ces couloirs,
directeurs
de mon futur,
de mes blessures.
Je ne supporte plus
ces heures,
qui défilent
et sont gâchées.
J'ai besoin
d'une nouvelle ère,
de nouveaux jours.
J'ai besoin d'être
à ma place
dans ce monde si vaste,
de ne pas avoir
à supporter
les heures qui passent.
J'ai besoin
d'avoir le temps de vivre.

Dans tous ces miroirs
j'aperçois une âme déchirée,
un reflet
qui m'effraie,
me rappelle qui je suis,
qui je rêve d'être.

Ma colère
intérieure,
déborde
sur le peu
de bonheur
extérieur.

L'odeur du soir,
me rappelle les hivers passés,
les années effacées,
L'odeur du soir,
le frais envahit l'espace,
remonte à la surface,
L'odeur du soir,
m'accompagne dans le noir,
dans mon désespoir.

Doux réveil
où mon âme s'émerveille,
quand la personne en face de moi,
se trouve jolie ce matin,
apprécie s'admirer
et arrive à voir tous les petits détails
qui constituent son visage
sans avoir
envie de pleurer
chose si rare
lorsqu'elle voit son reflet.

Dans mon cœur la tempête grogne
S'agrandit et me fait tomber
Je ne sais plus comment aimer
Qui suis-je pour exister ?

Dans le labyrinthe de ma vie
Je me suis perdue.

Besoin d'évasion,
D'un tour dans un autre monde.

Tic tac, Tic tac,
Le monde s'efface,
Je ne trouve plus mes traces,

Tic tac, Tic tac,
J'ai mal en moi,
Je me noie.

Laissez-moi m'enfermer dans mon monde,
Laissez-moi imaginer un endroit plus beau,
Que chaque jour il fasse chaud,
Que tout soit nouveau,
Laissez-moi vivre, rire,
Laissez-moi pleurer, désespérer,
Que chaque douleur soit rêvée,
Que mon cœur soit apaisé,
Laissez-moi croire, voir,
Laissez-moi me perdre, me retrouver,
Que dans ce labyrinthe,
Je trouve un jour la fin.

D'où vient ce néant,
Cet océan obscur,
Qui rime avec nocturne ?

Je ne veux plus apercevoir
Ce visage que je hais, qui me déplaît,
Juste briser les miroirs,
Pour ne plus me voir.

J'ai appris
à me taire
mais
je ne sais plus
dire
quand il faut
le faire.

Je cherche l'amour
à chaque boulevard
dans chaque regard
Je cherche la joie
dans leurs sourires
dans leur rire
pour pouvoir
mieux me fondre
et rester dans l'ombre.

Il m'a suffi
d'un pied,
un pas,
pour avoir envie
de faire demi-tour
de m'éloigner
de ce lieu
d'angoisse
de stress
de faiblesse
de noir
et je tombe
chaque fois
que je le vois.

Je voudrais
partir
m'enfuir
courir
être et disparaître
mourir et revivre
me cacher
pleurer
aimer
voler
rêver
danser
pour rester éveillée.

J'ai peur
de raconter
ce qui m'appartient
ce qui est à moi
par peur,
d'être ridicule
d'être nulle
par peur,
de les laisser
trop entrer
dans mon espace
mon repère
mon somnifère
ma maison.

Comment aimer
ce que je vois
dans ce reflet
en noir
que je renie
que je fuis.
Personne ne m'a expliqué
comment faire
pour m'aimer.

J'ai l'impression d'être
la bouteille
que l'on met de côté
quand elle est vidée.

Envole-toi petite
comme un avion
celui que tu imagines
quand tu te promènes dans la cour.

Envole-toi petite
va chercher
le bonheur
dont tu auras besoin
à jamais.

   -la petite fille de la cour

Les mots ont un pouvoir
une force dont ils se servent
pour
me briser
me soigner
me faire pleurer
me faire rire
me faire aimer
me faire rêver
me faire croire
me rassurer
me mentir
en seulement quelques signes.

Le silence est
étouffant
rassurant.
Il me protège
et me ment.
Il me chuchote
à mon oreille,
Des phrases
que j'aime ou
que je déteste.
Mais il est
toujours là,
lui ne
m'abandonne pas.

La fumée s'échappait
signe de fin et de liberté
souvenir d'un feu ancien
qui montait vers le ciel bleu
pour de nouveaux jours
plus heureux.

Je voudrais appuyer
sur l'alarme incendie
pour calmer
les inflammations
qui s'accumulent
dans mon cœur.

Mon cœur est un ouragan
sur le point d'éclater.

Les perles glissent
des falaises
pour tomber à terre.

J'ai le mal de vivre.

Mon âme brûle
se consume
et cherche l'océan
pour renaître à nouveau.

Je voudrais rejoindre
L'astre le plus brillant,
Pour pouvoir enfin
Briller aux yeux des gens.

Fatiguée de
Retenir
Cet océan
Qui
Menace de
Briser mon barrage.

Je voudrais être
La fleur que l'on arrache
Pour lui souffler dessus
Et la laisser s'envoler.

Ils nous ont dit
Que ça allait être
Nos meilleures années,
Avec le temps
Je ne vois que des orages
Et des cœurs brisés.

J'ai refoulé
Évité
J'ai appris
A fuir
La vérité
Pour me protéger
Et ne pas me confronter
A la réalité.

Ma tête
Est un nid
De bourdons
Incessant.

Je porte en moi
un océan
qui ne cesse de surgir
de m'affaiblir
de me noyer
et qui m'empêche de parler.

Je vois la vie
Partir
S'enfuir
Sans moi.

Je suis
ce vase
qui menace
de déborder.

Je suis partie
en oubliant mon parapluie,
et les orages en ont profité
pour se propager.

Fais tes bagages
on part loin
de ces lieux
hantés
par le passé
qui ne cessent de revenir
pour nous ronger.

J'ai les yeux
gonflés
brûlés
et mon âme
tel un océan
s'agite brusquement
pour éteindre
l'incendie
qui s'enflamme
à minuit.

Mon cœur
a ré-ouvert
ses plaies
a laissé
couler
durant
de longues
heures
un torrent
de douleur.

Les miroirs se brisent
éclatent en morceaux.
Ils effacent le silence
des larmes
des violences
accompagnent la peine
des âmes en détresse
pour qu'un jour, peut-être,
les fleuves
les rivières
cessent de déborder
et de mouiller les oreillers.

Tableau vide
semé de quelques
éclats de rire
rempli de solitude
d'insomnie
de promenade nocturne
peint de couleur grise
tracé au fer
d'amours amers
d'un passé
brodé à la peine
d'un futur
enveloppé
de la voie lactée.

Qui se cache
derrière,
ce faux sourire
de l'autre côté,
de ce visage
sans identité
couvert par,
tant de plaies
tant de noir.

Qui es tu ?
une individue,
dont l'avenir
ne promet rien
une âme perdue,
dans cet océan
de chagrin,
un esprit vagabondeur,
qui cherche toute saveur

plus colorée
que le noir
du ciel étoilé.

Te trouveras-tu ?
un jour,
épanouie
dans ce corps
qui ne cesse
de vouloir
partir
une nuit,
apaisée
dans ta maison
qui ne cesse
de se détruire.

Reflet détesté
à en vouloir
l'effacer
le brûler
à en vouloir
le fumer
l'écraser
pour ne plus avoir
à le regarder.

Goutte de noirceur
Qui baigne dans mon cœur
De vide et d'espace
D'une vie dont je me lasse.

Sa voix
se répète dans ma tête
Écho
de paroles empoisonnées
Encré
dans ma mémoire.

Laissez-moi
trouver ma place
je sens que je m'efface.

Le silence
nous fait prisonniers.

Quelques pansements posés près de mon cœur,
quand les blessures sont à l'heure,
appliqué doucement,
pour éviter,
d'agrandir les plaies,
et laisser respirer mon cœur.

J'ai en moi
Un océan de peine
Un passé remplit de haine
De baignoire d'eau salée
De souvenirs brisé
Qui ne cesse de m'affaiblir
De jour en jour
Seulement
Je n'ai pas de bouée de secours
Pour remonter à la surface
M'accrocher au rivage
Devient si compliqué
Le bord ne fait que de s'éloigner
De mes bras, de mes mains
L'encre de mon bateau
De chagrin,
Me retient
Et l'air s'étouffe
Je vois trouble
Je touche le fond

Les gens s'en vont
Le monde tourne
La lumière fuit
Elle joue à cache-cache
S'éloignant dans l'obscurité
Comme l'espoir
Qui s'abrite
Me laissant désespérer
Seule dans mon océan
Je me suis effondrée.

Vous me hantez
et mon âme peine
à avancer.

le devenir

Ce monde m'effraie, me fait reculer,
Grandir me donne envie de fuir,
Je ne sais ni où, ni comment,
Mais c'était bien d'être enfant,
Il n'y avait ni prise de tête, ni décisions,
Pas d'avenir à réfléchir, pas de crainte pour grandir.

J'ai peur,
Peur de grandir
Peur d'affronter
La vie qui nous attend,
On va souffrir je le sais,
J'ai peur.

Est-ce que je réussirai
à grandir ?
A entrer dans ce monde
que je ne peux fuir,
celui qui m'est destiné,
qui m'est imposé ?

Ce monde est si grand
mais je doute
qu'il ait assez de place
pour m'accueillir
plus tard.

Comment savoir
si ce chemin
sera assez large
pour demain,
si mes choix
seront bien ?

Comme l'ombre
est effrayante
si noire
si froide
elle m'enferme
et me fait renoncer
à croire
en mes capacités
en un avenir
qui s'ouvrait.

Si jamais
je ne trouve pas ma voix,
celle qui est faite pour moi,
que deviendrai-je ?

Je vois le temps passer,
les années défiler,
sans savoir de quoi
sera fait demain,
sans connaître
mon chemin,
la peur prend
le dessus,
peu à peu
je fugue.

Si ça ne fonctionne pas,
je veux pouvoir me dire,
que j'ai essayé.

Peut importe où serai-je
dans quelques années,
je veux croire
en un avenir plus ensoleillé.

@etpuisapresquoi

Je remercie Mr DINH et Mme GALICHET, pour votre soutien et votre dévouement dans ce projet.

Je remercie G, d'avoir toujours cru en moi.

Je remercie mes amies, J, G, M, F, L, pour leur soutiens et leurs avis incroyable.

Je remercie mes parents, ma soeur, et mon frère de m'avoir soutenue tout le long de ce projet.